EVA SCHMUTTERER

HIER, WO DIE WELT ZU ENDE IST-

EIN INFORMATIVER STREIFZUG RUND UM DAS

NORDKAP

Best wishes from

EvArt
KAMØYVÆR

MAGERØYA

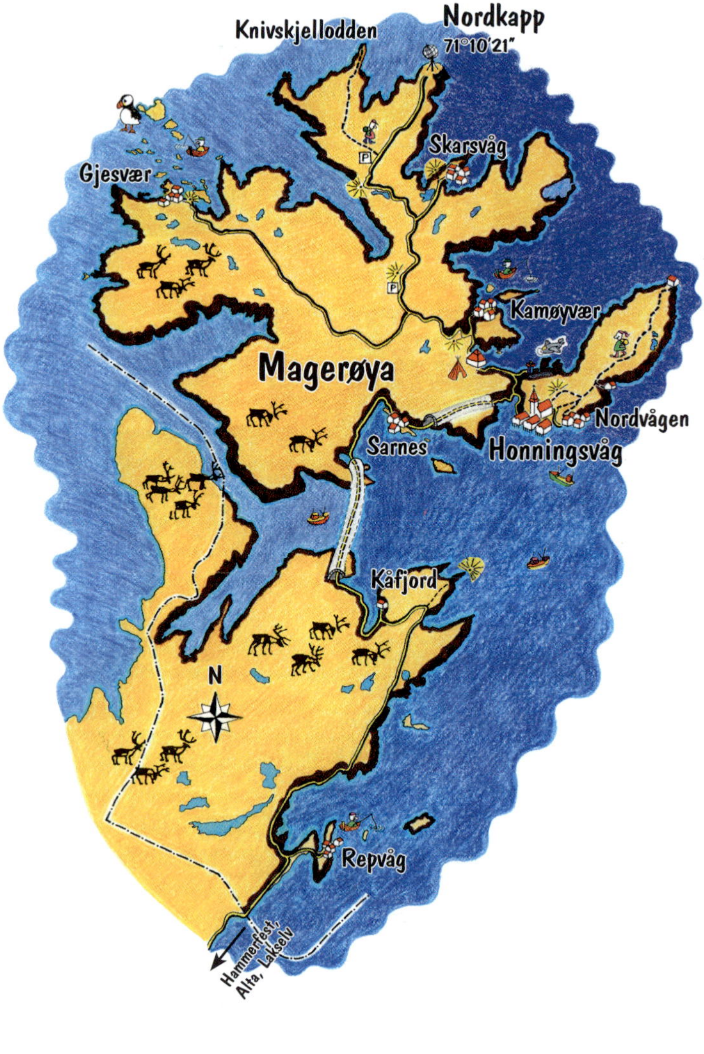
Knivskjellodden
Nordkapp
71°10'21"
Skarsvåg
Gjesvær
Kamøyvær
Magerøya
Nordvågen
Sarnes
Honningsvåg
Kåfjord
N
Repvåg
Hammerfest,
Alta, Lakselv

INHALT

NORDKAPP
luftlinje • Luftlinie • by air
NORTH POLE 2.110 km
KØBENHAVN 1.840 km
TOKYO 7.090 km
WIEN 2.600 km
BANGKOK 8.120 km
STOCKHOLM 1.370 km
OSLO 1.420 km
AMSTERDAM 2.340 km
HELSINKI 1.230 km
SYDNEY 14.780 km
ATHENA 3.700 km
NEW YORK 6.110 km
PARIS 2.770 km
MADRID 3.800 km
LONDON 2.550 km
ROMA 3.400 km
BERLIN 2.170 km
SPITSBERGEN 800 km
HONNINGSVÅG

Liebe Leserin, lieber Leser,

wenn Sie nun dieses Büchlein in Händen halten, haben Sie, und sei es auch nur gedanklich, eine überaus weite Reise hinter sich gebracht! Die milderen Regionen südlich des Polarkreises mit Bäumen und üppigem Grün, mit Städten voller Menschen und Betriebsamkeit liegen schon längst in großer, warmer Ferne. Vielleicht sind Sie über die schroffen Felszacken unzähliger kahler Bergkuppen, über schneeglitzernde Kegel und Gipfel geflogen, vielleicht haben Sie Tausende von Kilometern auf unterschiedlichen Straßen und Sträßchen verbracht oder vielleicht sind Sie mit dem Schiff tagelang durch Wind und Wellen geschaukelt, um hier bei uns im kühlen, menschenleeren hohen Norden anzukommen. Dies hier ist ein Stück Erde, das mit dem restlichen Europa wenig gemeinsam hat, eine ursprüngliche Landschaft, die in einer Zeit erschaffen wurde, die kaum mehr vorstellbar ist. Es ist eine Gegend, in der im Sommer noch oder auch schon wieder Schnee auf den Bergen liegt, in der im Winter das Nordlicht den sonnenlosen Himmel kurz erstrahlen lässt, wo Moltebeeren und Rentiermoos wachsen und jedes mannshohe Bäumchen eine kleine Sensation ist. In den bunten Holzhäusern scheinen die Uhren noch eine Spur langsamer als üblich zu gehen und jeder Tag mit mehr als 12 Grad ohne Regen oder Sturm gilt als "nydelig", also einfach wunderbar. Das Höchste der Gefühle ist es, im eigenen Boot zum Fischen zu fahren, zum Frühstück ab und an ein Gläschen Lebertran zu trinken, stundenlang auf einem zugefrorenen See beim Eisangeln zu sitzen oder in einer einsamen, abgelegenen Holzhütte das Wochenende selbstgenügsam zu verbringen. Man isst gerne Fisch, Walfleisch oder Möweneier, und selbstgepflückte Molte- und Blaubeeren gelten als Delikatesse. Kurz und gut, es ist vieles etwas anders als im restlichen Europa und deshalb laden wir Sie zu einem

Streifzug rund um das Nordkap ein, um Ihnen dabei allerhand Wissenswertes über Land und Leute auf diesem Inselchen inmitten des Eismeeres zu erzählen.

Doch bevor es losgeht, heißen wir Sie, ob bei Mitternachtssonnenschein, in Sturm und Nebel oder unter funkelnden Polarlichtstrahlen, herzlich bei uns willkommen!

Arktische Nacht

Diese Insel heißt Magerøya. Der Name hat seinen Ursprung in der samischen Sprache, heißt dort "Màkkar àvjo", was in etwa "steile, karge Küste" bedeutet. Und wenn Sie nun einen Blick auf die Landschaft hier werfen, werden Sie selber feststellen, dass das wahrhaftig keine Übertreibung ist!

Die Gemeinde hier auf Magerøya heißt "Gemeinde Nordkap" und sie wiederum gehört zum Regierungsbezirk "Finnmark". Die Finnmark ist der nördlichste und auch der größte Regierungsbezirk Norwegens und umfasst ein Gebiet von knapp 50.000 km^2 - das ist etwas größer als zum Beispiel die Schweiz. Während dort jedoch 167 Menschen einen km^2 bewohnen, sind es in der Finnmark, mit ihren 75 000 Einwohnern, weitaus weniger - nämlich nur 1,5 Personen pro km^2 und das bedeutet "viel Natur und wenig Mensch!"

Dieser Ausspruch trifft auch auf die Gemeinde Nordkap mit ihren circa 3.500 Bewohnern und Bewohnerinnen zu. Knapp Dreiviertel der Bevölkerung wohnt im Gemeindezentrum, dem Städtchen Honningsvåg.
Honningsvåg ist, trotz seiner bescheidenen Größe, der Dreh- und Angelpunkt der Gemeinde. Hier kann sich die Inselbevölkerung mit all dem versorgen, was sie zum Leben braucht. Es gibt unter anderem mehrere Supermärkte, eine Buchhandlung, drei Bekleidungsgeschäfte, einen Schuhladen. - Sie merken schon, konsumrauschgefährdet ist man hier eher nicht, doch darben muss man ganz bestimmt auch nicht! In Honningsvåg gibt es außerdem das Rathaus, die Kirche, das Inselmuseum, ein kleines Krankenhaus, eine Zahnarztpraxis, einige Restaurants und Kneipen, eine Apotheke und das Polizeirevier. Unterschiedliche Arten von Schulen sind hier vertre-

ten, einschließlich eines Gymnasiums und einer Berufsfachschule für Fischerei, Seefahrt und Gastronomie.

Auch das soziale und kulturelle Leben kommt nicht zu kurz - es gibt eine erstaunliche Menge an Vereinen, Clubs und Gruppen, in denen man sich - falls man wollte - allabendlich betätigen könnte. Dazu zählen nicht nur so übliche Vereine wie Fußball-, Schützen- oder Gesangsverein, sondern auch - in der Arktis! - der Gartenbauverein, ein Bridgeclub, der Lions Club, die Odd Fellows, ein Geschichtsverein, mehrere Revue- und Theatergruppen, die Hausfrauenvereinigung und der Club der Weintrinker!

Im Festsaal des Gemeindehauses oder in der Kirche finden regelmäßig Konzerte statt, von Klassik, Jazz oder Rock bis hin zu Volksliedern oder Kirchenmusik. Und an den hohen Feiertagen, wie am Nationalfeiertag, dem 17. Mai, oder an Weihnachten, zieht die Blaskapelle durch die Straßen und treibt den Zuhörern Tränen der Rührung oder des Vergnügens in die Augen!

Im Rathaus ist ein richtiger Kinosaal mit Bühnenvorhang und Plüschsesseln untergebracht, in dem dreimal in der Woche Filme laufen. Das ist durchaus ein Ereignis!

Als erstaunlichsten Superlativ müssen wir noch den immergrünen Honningsvåger Fußballplatz erwähnen, ist er doch der nördlichste Kunstrasenplatz der Welt! Und zudem ein Ort permanenter, schwerster Enttäuschungen für Horden hungriger Rentiere, die von der ungewohnt üppigen Grünfläche angelockt, ihre Geweihe in größter Verwirrung schütteln und die Welt nicht mehr verstehen!

Und wem trotz all dieser Vergnügungen die Insel ab und an zu eng wird oder die Wolken-, Schnee- und Nebeldecke auf den Kopf fällt - unsere Verkehrsverbindungen in die weite Welt hinaus sind alles andere als vorsintflutlich! Mit Auto oder Bus kann man sogar zu jeder Tages- und Nachtzeit aufbrechen, dank eines 1999 fertiggestellten 6,8 km langen Unterwassertunnels, der die Insel mit dem Festland verbindet. Es gibt außerdem einen kleinen Flugplatz mit Inlandflugverbindungen und einen gut ausgebauten großen Hafen - nicht nur für Fischerboote, sondern auch für die täglich zweimal anlegenden Küstenfährschiffe, die Hurtigruten, und für jährlich circa 100 riesige, weißglänzende Kreuzfahrtschiffe.

Doch die meisten Magerøyaner sind, wie jeder andere norwegische Berg-, Tal-, Fjord- oder Stadtbewohner auch, der festen Überzeugung "hjeme er best!" und so kehren sie nach ihren Ausflügen in die Ferne zufrieden wieder auf ihr geliebtes, karges Inselchen zurück.

HINTER DEN SIEBEN BERGEN - EINE FAHRT ZU DEN FISCHERDÖRFERN

Neben der "Hauptstadt" Honningsvåg gibt es noch fünf weitere Ortschaften in der Gemeinde - vier Fischerdörfchen auf der Insel und eines auf dem Festland. Begleiten Sie uns doch auf dem Weg hinter die sieben Berge, zu einem Inselausflug samt kurzer Stippvisite in die Dörfer!

Die Straße, die von Honningsvåg aus nach Norden oder Osten führt, ist die Hauptstraße der Insel, mit Abzweigungen zu sämtlichen Dörfern der Gemeinde. Diese Straße ist das ganze Jahr über, auch im tiefsten Winter, befahrbar, um die Verbindungen und Versorgung zu gewährleisten.

In den Wintermonaten brausen deshalb regelmäßig mehrmals täglich riesige Schneeräumfahrzeuge über die Fahrbahn und türmen Eis und Schnee zu meterhohen Wällen an den, mit roten Stäben mar-

Distant horizon

kierten, Straßenrändern auf. Ab und zu, wenn es besonders heftig stürmt und weht und man deshalb nur noch "weiß" sieht oder wenn Lawinengefahr besteht, gibt es für den Straßenverkehr eine besondere Regelung - man muss "Kolonne fahren". Für diesen Fall befinden sich nach jedem Ortsausgang eine Tafel mit Zeitangaben und ein Schlagbaum, mit dem die Straße gesperrt wird. Wenn man dann von einem Dorf zum anderen oder nach Honningsvåg fahren will, muss man sich zu diesen festgesetzten Abfahrtszeiten am Schlagbaum einfinden, um von einem der Schneeräumfahrzeuge, zusammen mit den anderen Autos in einer langen Schlange zu dem gewünschten Ziel geleitet zu werden. Bei derartigen Wetterverhältnissen ist es ohne Kolonne streng verboten zu fahren und es wäre lebensgefährlich sich darüber hinwegzusetzen. Das bedeutet auch, dass im Winter sämtliche Unternehmungen und Planungen gänzlich vom Wetter abhängen und jeder Ausflug, und sei es nur nach Honningsvåg ins Kino, ein kleines Abenteuer werden kann! Doch auch wenn man "fern der Heimat" irgendwo festsitzen sollte, gibt es in fast jeder Ortschaft Bekannte, die gerne ein Bett, eine Mahlzeit und eine Zahnbürste zur Verfügung stellen und so den Ausnahmezustand zu einem zwar oft unerwünschten, aber trotzdem erträglichen Kurzurlaub werden lassen.

Wenn wir jetzt nun - von Schnee und Sturm ungehindert - unsere Fahrt beginnen und Honningsvåg in Richtung Osten verlassen, erreichen wir nach nur 6 Kilometern Nordvågen, das mit seinen 500 Einwohnern das größte Fischerdorf der Insel ist. Nordvågen ist ein hübsches Dorf mit Schule und Kindergarten, das im Winter zu Magerøyas exklusivem "Wintersportort" wird. Auf einer Skipiste mit Lift und Flutlicht wird mancher Langläufer zum rasanten Abfahrtskünstler!
Von hier aus kann man, nach etwa dreistündiger Wanderung auf einem gekennzeichneten Weg, in das verlassene Dörfchen Kjelvik gelangen. Kjelvik war früher, bis 1895, das größte Dorf und gleichzeitig das Gemeindezentrum der Insel, lag aber letztendlich so ungünstig, dass es nach und nach zugunsten von Honningsvåg verlassen wurde. Im zweiten Weltkrieg wurden die noch verbliebenen Gebäude restlos niedergebrannt. Inzwischen stehen wieder ein paar Sommerhütten und es gibt immer noch einen "Kjelvikclub", in dem die noch lebenden ehemaligen Bewohner und ihre Nachkommen die Erinnerung an ihr altes Dorf aufrechterhalten. Mit dem Ortsende von Nordvågen ist dann auch die Straße zu Ende und um nicht ins Meer zu fallen, kehren wir lieber wieder nach Honningsvåg zurück und machen uns auf den Weg Richtung Nordkap.

10 Kilometer weiter treffen wir dann auf einen Wegweiser mit dem Namen "Kamøyvær", dem kleinsten Dörfchen der Insel, mit nur 120 Seelen. Kamøyvær liegt, rechts der Straße, sehr malerisch am innersten Ende des Kamøyfjordes, eine langgezogene Ortschaft, auf beiden Seiten von hohen Bergen eingerahmt, welche die Häuser vor den schlimmsten Angriffen von Stürmen und Orkanen beschützen. Gleich am Dorfeingang befindet sich die Fischfabrik, umgeben von ein paar Wohnhäusern und nach einer langen Kurve sieht man das Zentrum des Dorfes mit Schule, Kindergarten und Kai. Auf einem Hügel steht ein kleiner Leuchtturm, von dem man einen schönen

Rundblick auf Land und Meer werfen kann. Neben zwei netten Pensionen sind in Kamøyvær noch ein Bootsverleih und eine kleine Galerie für Kunst und Handwerk zu finden.

Wir verlassen nun allmählich die niedrigen Regionen der Küste und erreichen nach einem langen kurvenreichen Anstieg die eher flache Hochebene des Inselinneren. Auf der linken Straßenseite wird bald eine Abzweigung zu sehen sein, die uns zu dem abgeschiedenen und besonders idyllisch liegenden Ort Gjesvær bringen wird. Schon die Fahrt dorthin ist ein spezielles Erlebnis, da die Umgebung strekkenweise an die Verlorenheit und Verlassenheit einer Mondlandschaft erinnert oder an das Urphänomen des ersten Schöpfungstages "und die Erde war wüst und leer". Kurz vor dem Dorf hat man dann einen wunderbaren Ausblick auf die "Gjesværstappan", eine Inselgruppe und Naturreservat mit einer der größten Nistklippen Norwegens. Während der täglich angebotenen Bootsafaris zu den Vogelfelsen kann man außer Tausenden von unterschiedlichen Seevögeln auch häufig Robben zu sehen bekommen. Außerdem besteht die Möglichkeit, sich vom Boot aus das eigene Abendessen zu fangen - die notwendigen Angelutensilien werden zur Verfügung gestellt und die Bootsbesatzung steht Ihnen mit Rat und Tat zur Seite.

Nun wartet noch das letzte Dorf Magerøyas auf unseren Besuch-Skarsvåg, das sowohl das nördlichste Dorf der Insel als auch das nördlichste Fischerdorf der Welt ist. Auf dem Weg dorthin können wir kurz auf dem direkt an der Straße gelegenen Aussichtsplatz anhalten, denn hier sehen Sie das Nordkap das erste Mal in seiner ganzen Schönheit - eine markante, steilabfallende Klippe mit einem herausragenden Zacken, dem Nordkaphorn. Mit etwas Glück lässt sich auch die weiße Kuppel der Halle auf dem Plateau erspähen, wo Sie später stehen werden und, Europa im Rücken, über die Weite des Eismeeres blicken können.

Übrigens, es gibt sogar noch einen nördlicheren Punkt auf der Insel - die Landzunge Knivskjellodden, die links vom Nordkapfelsen, von weißen Wellen umspült, ins Meer ragt. Da ihr Erscheinungsbild im Vergleich zum imposanten Nordkap jedoch eher unauffällig ist, wird sie etwas stiefmütterlich behandelt. Es führt zumindest ein sehr schöner Wanderweg zu dieser allernördlichsten Spitze Europas und falls Sie 5 bis 6 Stunden Zeit und gute Schuhe haben, sollten Sie sich dieses "Spitzenerlebnis" nicht entgehen lassen!

Skarsvåg ist der Endpunkt der Inselstraße, ein Ort, der zu einem Spaziergang rund um die Fischfabrik und den Hafen mit seinen vielen bunten Fischerbooten einlädt! Und wenn Sie wissen wollen, wo der Weihnachtsmann auf seiner Tour von und zum Nordpol seinen Zwischenstop einlegt, dann können Sie im "Jul og Vinterhus" norwegische Weihnachtsatmosphäre schnuppern - auch im Sommer! Hinterher können Sie noch bequem zur "Kirkeporten" wandern, einem Felsdurchbruch, durch den man einen wunderschönen Blick auf das Nordkap und das Nordkaphorn hat.

Von Skarsvåg aus starten im Winter die Motorschlittenausflüge zum Nordkap. Und solch ein Winterausflug hat unbestreitbar auch seinen Reiz - gut verpackt in Thermoanzüge, Handschuhe, Strickmützen und warme Stiefel saust man durch die weiße, hügelige Schneelandschaft, was Einheimische und Touristen gleichermaßen begeistert.

Auf dem Festland, 2 km von der Europastrasse E 69 entfernt, liegt noch ein zur Gemeinde gehörendes Dörfchen - Repvåg, mit seinen circa 30 Einwohnern. In der stillgelegten Fischfabrik ist inzwischen ein uriges Motel untergebracht, in dem Sie noch einen Hauch alter Zeiten verspüren können. Hier können Sie auch Boote für Angelausflüge mieten oder auf einem Spaziergang über die Hügel erspüren, was Stille und Einsamkeit bedeuten.

DIE TANKSTELLE AUF DEM 71. BREITENGRAD - EINE GEOGRAPHISCHE BESONDERHEIT

Die Griechen nannten das Sternbild des Grossen Bären, das immer im Norden stand, Arktos. Daher stammt das Wort Arktis. Die Trennlinie zwischen den arktischen und den nördlich gemäßigten Zonen ist der nördliche Polarkreis auf dem 66. Breitengrad.

Und damit Sie sich nun richtig bewusst werden, wie hoch im Norden wir uns tatsächlich befinden, fahren wir nun mal bei der Tankstelle am Ortsende von Honningsvåg über den 71. Breitengrad!
Normalerweise gibt es in den Gebieten auf dem 71. Breitengrad, wie zum Beispiel in Sibirien, Alaska oder Grönland keine menschlichen Ansiedlungen - geschweige denn Tankstellen - mehr, sondern außer Eis und Schnee vielleicht gerade noch einen Seehund oder ein Walross!
Doch hier auf der Insel Magerøya meint es die sonst so strenge Arktis wahrlich gut mit uns. Diese erfreuliche Tatsache und die da-

raus folgende Konsequenz, dass es den Menschen hier schon vor Tausenden von Jahren möglich war, sich, ohne zu erfrieren oder zu verhungern, niederzulassen, ist dem Golfstrom zu verdanken! Der Golfstrom, der entlang der norwegischen Küste fließt, sich ungefähr in der Höhe des Nordkaps gegen Osten wendet, um sich dann bei Murmansk aufzulösen bzw., zurückzufließen, ist die sogenannte "Warmwasserheizung Europas". Und sie bewirkt, dass die Temperatur hier an der Küste um ganze 20 Grad Celsius höher ist als in den anderen Gegenden so weit im Norden. Dies hat wiederum zur Folge, dass die Küste das ganze Jahr über eisfrei ist, so dass die Menschen hier also auch im tiefsten Winter auf Fischfang gehen und somit das ganze Jahr hindurch ihren Lebensunterhalt verdienen können.

Die Temperaturen im Winter sind also ganz gut zu ertragen - denn wenn auch während ungefähr 150 Tagen des Jahres Frostgefahr besteht und man enorme Mengen an Schnee räumen muss, liegt doch die Durchschnittstemperatur in den kalten Monaten bei nur minus 4 Grad Celsius! Natürlich gibt es auch bitterkalte Tage und Nächte, in denen man aufpassen muss, dass einem die Nase nicht abfriert und in denen der Sturm vom Eismeer so um die Häuser pfeift, dass man lieber nicht vor die Türe geht - doch meistens kann man sich, warm angezogen, zu Fuß, auf Skiern oder mit dem Schlitten, ohne Probleme auch im Freien aufhalten. Doch so "lau" die Winter, so frisch die Sommer! Die Durchschnittstemperatur von Juni - August beträgt ganze 10 Grad Celsius und wenn ab und an das Thermometer mal 20 Grad zeigt - in der Mittagssonne wohlgemerkt - , dann zieht man sofort die Wollsocken aus, holt Sandalen und T-Shirt aus dem Schrank und fühlt sich wie in der Karibik! Dies ist dann auch die Jahreszeit der hellen Nächte - die Mitternachtssonne, die vom 14. Mai bis zum 29. Juli voll und rund über dem Horizont steht, sorgt für 24 Stunden Dauerhelligkeit und für einen drastischen Rückgang im Glühbirnenverbrauch!

Dieser wird dann allerdings mit Einbruch des Winters und der Polarnacht sofort wieder ausgeglichen! Die Sonne versinkt am 20. November endgültig hinter dem Horizont und mit ihrem Verschwinden senkt sich zugleich die Dunkelheit Tag und Nacht über Land und Meer. Die einzigen, allerdings sehr eindrucksvollen, Lichtblicke am Himmel sind dann Sternen- und Mondenschein, weiß-, grün- und rotstrahlende, funkelnde Nordlichter - und das Feuerwerk in der Sylvesternacht! In dieser Zeit muss man es sich dann zuhause möglichst warm, hell und gemütlich machen, damit die Dunkelheit sich nicht in die Seele schleicht!

Am 22. Januar ist die Sonne dann, von der gesamten Bevölkerung sehnsüchtig erwartet, das erste Mal wieder am Himmel zu bewundern, die Schulkinder bekommen an diesem Tag "sonnenfrei" und überall sieht man lächelnde, erleichterte Mienen - zum Glück geht's dem Sommer entgegen!

In der Finnmark spricht man übrigens sehr häufig über das Wetter, weil es - wie die Leute sagen - soviel davon gibt! Manchmal wäre ein bisschen weniger auch ganz recht, denn Sonnenstrahlen, Windböen, Nebelschwaden, Regenschauer und Schneestürme können sich innerhalb kürzester Zeit abwechseln und einem die Aussicht, den Spaziergang und die gute Laune ab und an ganz schön vermasseln! Man sagt auch, das Nordkap bei Sonnenschein sei wie ein Sechser im Lotto und falls Sie in diesen seltenen Genuss kommen sollten - herzlichen Glückwunsch!

Der Golfstrom hat übrigens noch eine weitere äußerst positive Auswirkung - er ist nämlich eine der Ursachen für den Fischreichtum dieser Gewässer. Dies verhält sich, sehr kurz und einfach erklärt, folgendermaßen: durch die Strömung des Golfstroms trifft kaltes und warmes Wasser aufeinander. Dadurch entsteht erstens sehr viel Bewegung und zweitens sehr viel Sauerstoff im Wasser. Der Sauerstoff wiederum sorgt dafür, dass sich besonders viel Plankton entwickeln kann und - wo es viel Fischfutter gibt, gibt es natürlich auch viele Fische! Und wir können dies tatsächlich auch aus eigener Erfahrung bestätigen - wir haben zwar selbst nur ein kleines Boot mit Außenbordmotor, doch wenn wir zum Fischen rausfahren, sind wir innerhalb zweier Stunden mit der ganzen Wochenration für die Familie einschließlich unseres runden Katers versorgt!

Der Fischfang gestaltet sich je nach Saison unterschiedlich - in den Wintermonaten wird hauptsächlich Dorsch gefischt, im Herbst ist Schellfischsaison und während des Sommers kommt der Seelachs an die Küste. In dieser Zeit können Sie dann manchmal in den Fjorden sehen, wie das Wasser richtig kocht und brodelt vor lauter Fisch. Die Seelachsschwärme sind oft so riesig, dass Tausende von Fischen über-, unter- und nebeneinander schwimmen und man nur ins Wasser langen müsste, um einen nach dem anderen rauszuholen! Nicht nur die Menschen, sondern auch die Seevögel geraten in solchen Situationen vor lauter Begeisterung und Appetit völlig außer sich! Wussten Sie übrigens, dass auch Möwen sich überfressen können? Sie verschlingen bei diesen Gelegenheiten häufig so viele Fische, dass sie zu schwer zum Fliegen werden und erst einmal eine ganze Weile auf dem Wasser schwimmen müssen, bis sie wieder leicht genug sind, um sich in die Lüfte zu erheben. Gut

für sie, dass sie ihrerseits für niemanden als besondere Leckerbissen gelten!

Die Gemeinde Nordkap ist auch heute noch eine typische Fischereigemeinde - der Fischfang hat das Leben und die Kultur der Bevölkerung über Jahrhunderte geprägt. Die Fischereiflotte zählt ungefähr 170 Boote und im Jahresdurchschnitt werden damit an die 40 Millionen Kilo Fisch an Land gebracht! In jeder Ortschaft auf der Insel, auch im kleinsten Dorf, befindet sich eine Fischfabrik, in der die Fischer gleich an Ort und Stelle ihren Fang abliefern und weiterverarbeiten lassen können. Heutzutage werden nur noch 10 Prozent des Fischfangs zu Trocken- oder Salzfisch verarbeitet, die restlichen 90 Prozent werden als tiefgefrorene Rohware auf Schiffen und Lastwagen in den Süden geschickt. Es ist also durchaus möglich, dass Sie in Frankreich, Deutschland, Spanien oder England, wo immer Sie in Europa auch leben mögen, ab und zu Fischfilet vom Nordkap zu kaufen bekommen!

Außer der Fischerei gibt es hier auf der Insel noch einen zweiten sehr wichtigen Gewerbezweig -den Tourismus! Jährlich reisen circa 200.000 Touristen hierher, um den nördlichsten Punkt Europas, das Nordkap, zu besuchen. Allerdings ist die Touristensaison bisher eine eher kurze Angelegenheit - sie fängt erst so richtig Ende Mai an und ist im Großen und Ganzen ab Mitte August auch schon wieder vorbei. Während dieser Zeit herrscht hier überall Hochbetrieb, in Hotels, Restaurants und Souvenirläden, auf Campingplätzen und dem Nordkapplateau. Mit Ende des Sommers wird dann nicht nur die Zeit umgestellt, sondern auch der eher geruhsame und gemächliche Inselrhythmus wieder aufgenommen.

DAS GEHEIMNIS EINES NIEDRIGEN CHOLESTERINSPIEGELS-PFLANZENWELT UND LANDWIRTSCHAFT

Trotz ihres Namens - Magerøya - ist die Insel, zumindest auf den zweiten, genaueren Blick, doch erstaunlich vielfältig und manchmal sogar bunt bewachsen. Natürlich haben die hiesigen Pflänzchen im Vergleich mit ihren südlicheren Verwandten eher Miniaturformat und man muss schon genauer hingucken, um sie zu finden, doch ihre Anmut, ihre hübschen Farben und Formen und ihr tapferer Kampf ums Dasein unter extrem harten Bedingungen machen sie umso liebenswerter und geschätzter! Ungefähr 200 verschiedene Pflanzenarten wurden hier registriert und unter ihnen befindet sich eine ganze Menge, die Sie bestimmt auch von zuhause kennen: Löwenzahn und Leimkraut, Margeriten, Glockenblumen und Veilchen, Steinbrech und Enzian, Sumpfdotterblumen, wilder Schnittlauch und Sauerampfer. Darüber hinaus wachsen hier auch viele nicht ganz so bekannte Hochgebirgspflanzen, zum Beispiel Gletscherhahnenfuss, Karpatenkatzenpfötchen oder Silberwurz, die hier in der Finnmark übrigens "Rentierrose" genannt wird. Im großen und ganzen handelt es sich um eine subarktische und alpine Vegetation - Pflanzen, die in Mitteleuropa normalerweise auf einer Höhe von 1.000 bis 1.500 m zu finden sind, wachsen hier bis hinunter ans Meer.

Ist Ihnen übrigens schon aufgefallen, dass Sie sich auf einer Insel ohne Bäume befinden? Die Baumgrenze liegt circa 150 km weiter im Süden und wer hier bei uns zumindest ein paar Sträucher und Bäumchen im Garten haben will, muss sie schon ganz besonders hegen und pflegen. So packt man sie im Herbst zum Beispiel in dicke Decken und Planen ein und umwickelt sie mit Stricken und Tauen, damit sie die Herbst- und Winterstürme unbeschadet überstehen können. Im Frühling wickelt man sie dann wieder aus und hofft, dass sie im Sommer ein paar Zentimeter weiterwachsen!

Mit viel Geduld und Mühe kann man auch in den Gärten für arktische Verhältnisse geradezu erstaunliche Erfolge erzielen! Es gibt Stiefmütterchen und Ringelblumen, Radieschen und Rhabarber, Eisenhut und Petersilie, arktischen Mohn, Krokusse und Tulpen bis hin zu einer sibirischen Rosenzüchtung, die auch tatsächlich blüht! Und im nördlichsten Dorf der Insel, in Skarsvåg, konnte eine talentierte Gärtnerin schon mal, sage und schreibe, 12 Kilo Erdbeeren ernten! Durch die immense Lichteinwirkung im Sommer werden die Beeren wunderbar aromatisch und die Blumen blühen so farbintensiv wie kaum woanders!

Im Herbst geht man dann, mit Eimern und Schüsseln ausgerüstet, zum Beerensammeln in die umliegenden Berge und Täler und

kommt, wenn man fleißig war, mit großen Mengen an Molte-, Blau- und Preiselbeeren wieder zurück. Die Beeren spielten übrigens vor allem früher für die hiesigen Menschen eine sehr wichtige Rolle, waren sie doch die einzige Vitamin-C-Quelle, die, dazu noch kostenlos, zur Verfügung stand. In dieser Jahreszeit kann man mit etwas Glück, außer den Beeren, noch weitere Schätze zwischen Steinen, Heidekraut und Zwergbirken versteckt finden - die wunderschönsten und madenfreisten Pilze, die Sie sich vorstellen können! Es gibt Stein- und Birkenpilze, Rotkappen und Maronen und alle in beträchtlicher Anzahl! Dies kommt auch daher, weil die Einheimischen nicht zu den begeisterten Pilzsammlern gehören - sie sind

Fischer und essen lieber Fisch! Die einzige Konkurrenz für die wenigen, meist zugereisten, Pilzsucher sind die Rentiere, die alles was ihnen schmeckt, genüsslich vertilgen. In früheren Zeiten, bis vor dem zweiten Weltkrieg, wurde auch etwas Landwirtschaft betrieben - vor allem Kartoffeln, Rüben und Kraut wurden angebaut, denn Fisch und Beeren allein waren denn doch keine ausreichende Mahlzeit! Aber dies war eine äußerst mühselige Angelegenheit, denn, wie Sie selbst beobachten können, besteht der Boden hauptsächlich aus Gestein, das mit einer nur sehr dünnen Schicht Erde bedeckt ist. Um zum Beispiel einen kleinen Kartoffelacker anzulegen, musste man aus einem weiten Umkreis die karge Erde zusammenscharren und -tragen, um sie dann mit Dünger aus Seetang und Stallmist zu verbessern. Im Herbst blies dann der Sturm das meiste davon wieder weg, die Kartoffeln waren zudem klein und spärlich und so gab man, sehr erleichtert, die Landwirtschaft auf, sobald man Kraut und Rüben im Geschäft kaufen konnte.

Das Gleiche trifft auf die Haustierhaltung zu - vor dem Krieg hielten die Leute Kühe, Ziegen und Schafe. Man brauchte Milch für die Kinder, Wolle für die Kleidung und ab und zu wollte man doch auch einmal ein Stück Fleisch oder Wurst auf dem Teller haben. Doch auch die Tierhaltung war enorm zeit- und arbeitsaufwendig! Im Sommer war man tagelang unterwegs, um fast jeden einzelnen Grashalm, den man fand, zu sammeln und zu Heu zu verarbeiten, in der Hoffnung, die Tiere damit über den enorm langen Winter zu bringen. Und wenn das Futter -was ziemlich häufig vorkam- vor der Zeit verbraucht war, kochte man statt dessen Seetang und Algen. Die Kühe fraßen notgedrungen auch das, aber leider schmeckte auch die Milch dementsprechend! Und als man dann, ebenso wie Kartoffeln und Gemüse, Milch, Wolle und Fleisch, einfach alles kaufen konnte, gehörte die Haustierhaltung bald der Vergangenheit an. Hier auf der Insel kräht also kein Hahn, es grunzt kein Schwein und muht keine Kuh - es gibt auch keinen Metzger und Fleisch und Wurst sind nur tiefgefroren oder folienverpackt zu bekommen. Für die einheimische Bevölkerung ist das ganz selbstverständlich und die "Zugereisten", die es doch manchmal nach frischem Schinken oder Bratwürsten gelüstet, müssen sich eben mit Mahlzeiten aus fangfrischem, leckerem Fisch und mit einem, dieser gesunden Ernährung verdankten, niedrigen Cholesterinspiegel trösten!

DIEBISCHE RENTIERE UND PÜNKTLICHE VÖGEL- DIE TIERWELT ZU LAND, WASSER UND LUFT

In der Bergwelt der Insel findet sich dann allerdings doch noch eine ganze Menge an "wilden" vierbeinigen oder geflügelten Geschöpfen -unter anderem Schneehühner, Raben, Eulen und Bussarde, Hasen, Wiesel, Otter, Lemminge, Mäuse und Nerze. Und in den Sommermonaten springen dann zusätzlich noch circa 5.000 Rentiere über Stock und Stein und über Straßen!

Die Winterzeit verbringen die Rentiere samt Besitzer - in unserem Falle sind das 6 samische Familien aus Karasjok - im Inland, ungefähr 300 km entfernt von hier, in der Nähe der finnischen Grenze. Mit Beginn des Frühlings ziehen dann Mensch und Tier in einem langen Marsch - für den sie 5-6 Wochen brauchen - vom Inland zur Küste. Die Rentiere werden nun per Schiff auf die Insel gebracht und können dann die "Sommerfrische an der See" in vollen Zügen genießen. Sie kommen meist, vom harten Winter mit bis zu 45 Minusgraden und der langen, anstrengenden Wanderung, ziemlich dünn und erschöpft an, futtern sich jedoch hier schnell wieder den verlorenen Speck auf die Rippen! Die Rentierweibchen bekommen dann auch bald nach ihrer Ankunft ihre Jungen und bis zum Herbst entwickeln sich diese von scheuen Kleinkindern zu neugierigen, kräftigen Jugendlichen, die den langen Weg ins Inland, zurück zur Winterweide, gut überstehen. Die Rentiere sind dem rauen Klima und der kargen Vegetation ausgezeichnet angepasst - man nennt sie deshalb manchmal auch "die Kamele der Arktis". Ihr Fell, zum Beispiel, besteht aus "Röhrchenhaaren" und die Hohlräume dieser Haare dienen als Isolation gegen die Kälte. Zusätzlich verlieren die Rentiere beim Ausatmen sehr wenig Körperflüssigkeit - behalten somit auch wieder ihre Körperwärme weitgehend bei sich und brauchen deshalb auch keine großen Mengen zum Trinken. Auch was das Fressen betrifft, sind sie, zumindest meistens, äußerst genügsam. Sie sind mit Moos, Flechten und Gras vollauf zufrieden - was sie aber nicht immer davon abhält, sich in die Dörfer zu schleichen, dort über die Gartenzäune zu hüpfen, um dann, zum Leidwesen der zähneknirschenden Gartenbesitzer, die mühsam gezogenen Pflänzchen oder die schönsten Blumen mit Stumpf und Stiel in Windeseile zu vertilgen! Tja - was des Rentiers Freud ist des Gärtners Leid!

Konferenz

Außerdem besitzen die Rentiere noch eine außergewöhnliche, beneidenswerte Eigenschaft - die Temperatur in ihren Beinen ist niedriger als im Rest ihres Körpers! Sie bekommen also keine kalten Füße, wenn sie im Schnee stehen und das ist im arktischen Winter doch einfach genial!

Nach den Sommermonaten, in denen die Rentiere frei und ungebunden über die Insel schweifen, treiben die Rentierbesitzer im Herbst ihre Herden zusammen, um den Aufbruch zum Festland einzuleiten. Diesmal verlassen die Tiere, gestärkt und fit nach dem langen Sommerurlaub, die Insel durch eigene Kraft. Sie schwimmen über den Sund - an dessen engster Stelle zwischen Insel und Festland, ungefähr 1,8 km breit. Im Inland wird ein Teil der Tiere geschlachtet. Die restlichen Herden kehren wohlbehalten und zuverlässig im nächsten Frühling auf die grünen Sommerweiden der Insel zurück.

Während es in der Bergwelt im Inselinneren eher ruhig zugeht, herrscht an den steilen Klippenwänden entlang der Küste ein völlig anderer Lärmpegel. Seevögel aller Art nisten hier, lautstark und enorm mitteilsam - zusammen mit Tausenden von Artgenossen. Vor allem auf den Gjesværstappan liegt ein wahres Vogelparadies! Kormorane, Basstölpel, Alken, die verschiedensten Möwenarten, Trottellummen, Seeadler und circa eine Million Papageientaucher flattern, fliegen, kreisen, tauchen und schwimmen dort in einem rasanten Durcheinander. Einige von ihnen halten sich nur zum Brüten auf den Nistklippen auf und verbringen den Rest des Jahres in anderen Gefilden - so zum Beispiel die Papageientaucher, die den Winter über dem offenen Eismeer verbringen. Und jedes Jahr kommen sie, mit begeistertem Geschrei - genau am selben Tag und zur selben Uhrzeit, es ist der 14. April gegen Abend - auf ihre Insel zurück. Die Leute hier sagen, man könne den Kalender und die Uhr nach ihnen stellen! Die Papageientaucher beginnen, gleich nach der Landung, damit, Erdlöcher zu buddeln - sie nisten in unterirdischen, bis zu 3 m langen Tunneln. Jedes Paar zieht dann im Laufe des Sommers ein Papageientaucherkind auf, fliegt mit ihm Ende August in die Ferne und erinnert es während des Winters wahrscheinlich täglich mehrmals daran, pünktlich am 14. April auf der Insel Magerøya zurückzusein. Auch im Schaltjahr!

LEGENDEN IM "LAVVU" - DIE SAMISCHEN FAMILIEN

Die Samen gehören, wie auch die Inuit aus Grönland und Kanada und die nordamerikanischen Indianer, zu der Urbevölkerung des Nordens. Bis vor kurzem wurden sie übrigens meistens "Lappen" genannt, doch "Sami" ist das Wort in ihrer eigenen Sprache für ihr Volk und ist inzwischen in den allgemeinen Sprachgebrauch übernommen worden.

Früher lebten die Samen in Gruppen, "siiddat" genannt, die das Land, das Gemeinschaftseigentum war, als Nomaden durchzogen. Später wurden die Sami-Gebiete Objekte für territoriale Forderungen der sie umgebenden Staaten, die auf die Rechte der Samen nicht die geringste Rücksicht nahmen. Die Menschen wurden durch die Grenzziehungen sehr willkürlich auf verschiedene Länder verteilt, und so leben Samen heutzutage in Schweden, Finnland, Norwegen und auch in Russland. Vielleicht haben Sie schon einmal die samische Flagge zu sehen bekommen? Sie besteht aus vier Farbstreifen, die durch einen Kreis miteinander verbunden sind und weist mit den Farben auf vier verschiedene Länder und mit dem Kreis auf ein einziges, gemeinsames Volk hin.

Unter den Samen gab es, sehr vereinfacht gesagt, zwei verschiedene Gruppen - die Küstensamen, die sich in der Nähe des Meeres niedergelassen hatten und von Fischerei und Landwirtschaft lebten und die Bergsamen, die Rentierzüchter und Jäger waren. Die Küstensamen verschmolzen im Laufe der Zeit mit den anderen, ansässigen Bevölkerungsgruppen, während die Bergsamen weitgehend unter sich blieben und ihre Sprache, Kultur und Traditionen zumindest teilweise bewahren konnten.

Die samische Sprache ist eine finnisch-ugrische Sprache und besitzt zum Beispiel allein 50 verschiedene Wörter, um ein Rentier zu beschreiben oder 14 verschiedene Begriffe für Schnee.

Die Samen gehörten und gehören in allen von ihnen bewohnten Ländern zu einer Minderheit und wurden von der restlichen Mehrheit über lange Zeit alles andere als gut behandelt. Vor allem mit der Christianisierung begann eine Phase massiver Diskriminierung -den Samen wurde mit Gewalt ihre eigene Religion ausgetrieben, ihre Sprache wurde unterdrückt, Sitten, Bräuche und Lebensweise wurden verächtlich gemacht, ihre Bewegungsfreiheit immer mehr eingeschränkt und der Grund und Boden ihrer Heimat an andere verteilt oder verkauft.

Die Samen waren ein ausgesprochen friedliebendes Volk, sie stellten zum Beispiel niemals Waffen für die Kriegsführung her, sondern ausschließlich Waffen für die Jagd. Sie waren gewohnt Konflikte friedlich zu lösen und von daher natürlich aggressiven, habgierigen oder sie abwertenden Menschen sehr schutzlos ausgeliefert. Diese friedliche Haltung spiegelt sich auch in ihrer ursprünglichen Religion wieder. Es war eine Naturreligion, in der eine der obersten Gottheiten - wen könnte dies wundern - die Sonne war und in der alles in der Natur beseelt war. Das Wasser, die Erde, Pflanzen, Steine, Tiere, sie alle hatten eine Seele und dementsprechend respektvoll und behutsam ging man mit ihnen auch um! Es existieren immer noch einige uralte samische Legenden, in denen die Entstehung und Beseelung der Welt höchst poetisch geschildert werden. Ein schönes Beispiel in diesem Zusammenhang sind auch die Opferbräuche, die zu Ehren oder zur Beschwichtigung der Gottheiten gepflegt wurden. Auch hier auf der Insel Magerøya sind noch einige alte Opferstätten zu finden, zum Beispiel war das Nordkaphorn solch ein heiliger Platz der Samen. Dort wurden jedoch niemals Menschen und nur sehr selten Tiere geopfert, sondern man brachte hauptsächlich Tierknochen hin und betete, die Götter sollten doch das Fleisch dazu senden! Was diese hoffentlich regelmäßig und reichlich taten!

Im heutigen Norwegen, in dem übrigens die meisten der skandinavischen Samen leben - circa 35.000 - veränderte sich im Laufe der 70er Jahre ihr Leben zum Besseren und seit 1989 gibt es ein eigenständiges Samenparlament, das die Interessen und Forderungen des samischen Volkes auch nach außen vertreten kann. Sehr viel Positives hat sich auch in der Bildungspolitik getan - war es doch, bis in die 60er Jahre hinein, verboten in der Schule samisch zu sprechen. Dies hatte zur Konsequenz, dass die samischen Kinder den gesamten Lehrstoff auf norwegisch, einer für sie weitgehend fremden Sprache, erlernen mussten. Inzwischen wurde in den Kerngebieten der samischen Bevölkerung ein eigener Lehrplan eingeführt, die Kinder werden dort nun zweisprachig unterrichtet und auch wieder mit der Geschichte,den Bräuchen und Traditionen ihres Volkes vertraut gemacht. In diesen Gegenden erscheinen samische Zeitungen und Bücher, es gibt spezielle Radio- und Fernsehsendungen und die offiziellen Mitteilungen, wie zum Beispiel auch die Ortsnamen, sind auf norwegisch und auf samisch geschrieben. Es sind zwar noch nicht alle Konflikte gelöst, aber ein guter Anfang ist gemacht!

Natürlich haben auch bei den Samen die Errungenschaften der Technik und das moderne Leben Einzug gehalten. Das Nomadendasein im "lavvu", dem samischen Zelt, wurde weitgehend zugunsten von festen Wohnorten und Häusern, sowohl im Winter-, als auch im Sommerdomizil, aufgegeben. Doch auf dem Zug der Rentiere vom Inland zur Küste und zurück gehören die "lavvus" noch zum Gepäck und bieten, mit Feuerstelle und Rentierfellbetten ausgestattet, ein ganz behagliches Nachtlager.

Auch die Rentierschlitten wurden größtenteils durch Motorschlitten ersetzt und im Sommer benutzt man vierrädrige, geländegängige Motorräder, um bei den umherziehenden Rentierherden nach dem Rechten zu schauen. Aber die alten Fähigkeiten und Fertigkeiten, ob Lassowerfen, Ski- und Schlittenfahren mit einem Ren als Zugtier, Handarbeiten und Werkzeugherstellung, werden trotzdem geübt, auch den Kindern weitervermittelt und bei sportlichen Wettkämpfen und Ausstellungen unter Beweis gestellt.

Wir haben Ihnen beim Thema Rentiere erzählt, dass sich ungefähr 5.000 Tiere auf den Sommerweiden der Insel befinden. Doch das ist eine Zahlenangabe mit Fragezeichen, denn wenn man einen Samen nach der Größe seiner Herde fragt, wird man nie eine ganz präzise Antwort bekommen. Das ist auch verständlich, ist es doch so, als ob man Sie nach der Höhe Ihres Bankkontos fragen würde! Aber da bekannt ist, dass eine Familie circa 800 Rentiere benötigt, um einigermaßen gut existieren zu können und da sich 6 Samenfamilien mit ihren Herden hier aufhalten, wird die Zahl 5.000 im Grossen und Ganzen stimmen.

In den Bergen, direkt an der Straße zum Nordkap, steht eines ihrer Lager. Auf der einen Straßenseite sind "lavvus", eine Verkaufsbude mit Souvenirs und ein Rentiergehege aufgebaut, auf der anderen Seite steht, etwas abgelegen, um die nötige Privatsphäre zu gewährleisten, das grüne Sommerhaus der Familie. Falls Sie dort anhalten und sich etwas umschauen, werden Sie auf Nils und Anna Somby in ihren farbenprächtigen, traditionellen Trachten, treffen. Obwohl die beiden durchaus tüchtige Geschäftsleute sind, ist diese Kleidung keine reine Touristenshow. Viele der älteren Samen tragen ihre Tracht noch ganz selbstverständlich im Alltag und auch die Jüngeren, stolz und selbstbewusst, an Sonn- und Feiertagen.

Jede Gegend hat ihre eigene Tracht und an den Kopfbedeckungen kann man genau erkennen, aus welchem Ort der jeweilige Träger kommt. Nils, zum Beispiel, trägt die Mütze der Männer aus Karasjok, eine Kappe mit 4 Zacken, die die Himmelsrichtungen symbolisieren. Und Nils, der auf eine trockene Art gerne mal ein Späßchen macht, erklärte uns, dass er, wenn er im Frühling vom Inland zur Küste ziehe, seine Mütze so aufsetze, dass der Nordzacken nach vorne schaue, dem immer nachlaufe und so zuverlässig und ohne Umwege auf der Insel ankomme. Falls Sie also mal die Orientierung verlieren sollten, schafft eine Samenmütze sofortige Abhilfe!

TANZ IM CHAMPAGNERPAVILLON - DAS NORDKAP UND SEINE HISTORIE

Das Nordkap, ein imposantes, steil ins Meer abfallendes Kliff mit seiner Felsennase, dem Nordkaphorn, war zu allen Zeiten ein wohlbekannter und wichtiger Orientierungspunkt für sämtliche Boote und Schiffe, die vorbeikamen - für Fischer, Walfänger, Kaufleute, Entdecker und Piraten. Es gab durch die Jahrhunderte die verschiedensten Namen für den Felsen, z.B. hieß er auf russisch "die Nase der Norweger". Erst Mitte des 16. Jahrhunderts wurde sein heutiger Name festgelegt. Im Jahre 1553 machte sich nämlich eine englische Expedition auf die lange und gefährliche Suche nach der

Nordostpassage, dem Weg nach China. Von den ursprünglich drei Schiffen kam jedoch nur eines, die "Edward Bonaventura", nach England zurück. Die Besatzung der zwei anderen Segelschiffe kam, wie viele Expeditionsteilnehmer vor und nach ihnen, im eisigen und dunklen Polarwinter um.

Nach der Heimkehr der "Bonaventura" veröffentlichte deren Oberbefehlshaber, Richard Chancellor, 1554 in London die erste Seekarte dieser Gegend und darauf erschien zum ersten Mal der Name "North Cape" und seitdem heißt das Nordkap Nordkap! Doch zu dieser Zeit stand das Nordkap natürlich nicht gerade im Mittelpunkt des allgemeinen Interesses, es war doch eher die Mitte des Nichts, ein weißer Fleck auf dem Globus!

Um so erstaunlicher ist es, dass nur ungefähr 100 Jahre später schon der sogenannte erste Tourist das Nordkapplateau erklomm! Dieser war ein italienischer Priester und Gelehrter, namens Francesco Negri, der sich 1663 von Ravenna aus auf den Weg zum Nordkap begab! Umgeben von den Weinbergen, Tomatenfeldern und Melonenäckern der Adria war Francesco Negris Neugierde auf das ferne Land im Norden gewachsen. Er wollte wissen, wie die Menschen dort inmitten von Eis, Schnee und Stein leben könnten, welche Pflanzen, Tiere und Gesteine dort zu finden seien und welche neuen wissenschaftlichen Erkenntnisse man durch die Erforschung dieser Gegend gewinnen könne.
Seine Reise kostete ihn viel Durchhaltevermögen und Zeit - sie dauerte fast zwei Jahre und musste zu Fuß, im Boot, auf Pferderücken, mit Schlitten und auf Skiern zurückgelegt werden. Man vermutet, dass Signore Negri der erste skifahrende Italiener war! 1664 hatte er dann tatsächlich das Ziel seiner Reise erreicht und bemerkte mit Freude und Zufriedenheit in seinem Reisetagebuch:
"Hier stehe ich am Nordkap, an Finnmarks äußerster Spitze, wirklich am Ende der Welt!" Nach seiner Rückkehr in Italien schrieb

Francesco Negri das erste Buch, das über diese Gegend erschien - eine ausführliche Beschreibung von Fauna, Flora und Lebensweise der Menschen, die 1699, zwei Jahre nach seinem Tod, in Padua veröffentlicht wurde.

Auch im 18. und 19. Jahrhundert war eine Nordkapreise immer noch ein abenteuerliches und deshalb reichlich kostspieliges Unterfangen! Man musste dazu wirklich gut bei Kasse sein. Deshalb zählen nicht wenige erlauchte und somit gut betuchte Persönlichkeiten zu den ersten Touristen - Prinz Louis Philippe von Orleans, Oskar II, König von Schweden und Norwegen, König Chulalonkorn von Thailand und Kaiser Wilhelm II - um die bekanntesten zu nennen. 1890 kostete eine Fahrkarte erster Klasse für eine Schiffsreise von Trondheim zum Nordkap 300 Kronen - für die damaligen Verhältnisse eine riesige Summe!
1875 organisierte das Londoner Reisebüro Thomas Cook die erste Gruppenreise für 24 Teilnehmer zum Nordkap und schuf somit den Beginn einer neuen Ära - der Tourismus begann!

Hornvika-Touristen

In einem Reisehandbuch dieser Zeit wird den damaligen Nordkapfahrern zum Beispiel empfohlen, die Übernachtungsmöglichkeiten in Gjesvær zu nutzen. Unterkunft und Service beim dortigen Kaufmann wären gut und preiswert - und seine Gouvernante unterhielte die Gäste zudem noch mit Pianospiel und Gesang!

Natürlich war eine Nordkapreise damals ein völlig anderes Unterfangen als heutzutage! Es gab noch keine Straße, die über die Insel zum Plateau führte, so dass die Reisenden von Skarsvåg oder Gjesvær aus mit Ruderbooten zu der kleinen Bucht Hornvika, unterhalb des Nordkaps, gebracht wurden. Von dort aus mussten sie eine sehr steile und steinige Schlucht empor klettern, um das Plateau des 307m hohen Felsens zu erreichen. Oft musste man, von Nebel oder Sturm gehindert, unverrichteter Dinge wieder umkehren und auch bei gutem Wetter war, vor allem für Damen in Korsetts und langen Seidenkleidern und Herren in unbequemen Anzügen oder Uniformen, der Aufstieg eine echte Leistung! So allmählich entstanden auch die ersten, bescheidenen Holzgebäude auf dem Plateau, eines davon war eine achteckige Hütte, die "Stoppenbrinks Champagnerpavillon" hieß, in der man sich mit Champagner stärken, Walzer tanzen und Postkarten für die staunenden Daheimgebliebenen kaufen konnte.

1956 ließ die Gemeinde Nordkap eine Straße zwischen Honningsvåg und dem Nordkap bauen und seither konnte man auf genagelte Stiefel und Wanderstöcke getrost verzichten. Die erste steinerne Nordkaphalle wurde 1959 eröffnet - damals noch eine bescheidene Angelegenheit - die dann in den folgenden Jahren etliche Male erweitert und modernisiert wurde. Heute bietet die Nordkaphalle bis zu 6.000 Menschen Platz. In dem Gebäude befinden sich unter anderem ein Kino, in dem mehrmals täglich ein sehr sehenswerter, eindrucksvoller Film über die Insel gezeigt wird, ein Felsentunnel mit einer Kapelle und Ausstellungen, ein kleines Postamt und verschiedene Cafes und Einkaufsmöglichkeiten. Einen übersichtlichen Plan und weitere Auskünfte bekommen Sie an der Informationstheke in der Halle.

Auf der Rückseite der Halle ragt das Plateau wie ein Schiffsbug hoch über das Meer. Der schmiedeeiserne Globus dreht sich im Wind, Möwen krächzen in der Ferne und tief unten schaukeln ein paar Fischerboote oder ein Kreuzfahrschiff wie Miniaturschiffchen auf dem Wasser.

Wenn Sie sich dann noch ein etwas abgelegenes, menschenleeres Fleckchen suchen, über das Eismeer blicken und nur noch Wellen, Wogen und Wolken vor Augen haben - dann sind Sie auf dem Nordkap tatsächlich angekommen!

VON HÄNDLERN UND HERRSCHERN - DIE FRÜHE GESCHICHTE DER INSEL

Die Besiedlungsgeschichte dieser Insel reicht bis in erstaunlich graue Vorzeiten zurück. Mehrere archäologische Funde hatten bereits vor längerer Zeit bewiesen, dass Magerøya schon zu einem sehr frühen Zeitpunkt bewohnt war, doch als man vor ein paar Jahren bei den Bauarbeiten des Unterwassertunnels auf die Reste menschlicher Ansiedelungen stieß, sorgten diese doch für erhebliche Verwunderung. Sie waren vor 10.300 Jahren entstanden, zu einem Zeitpunkt also, als die letzte Eiszeit gerade erst so zu Ende ging!
Über das vorhistorische Volk, das damals hier lebte, ist leider nicht allzu viel bekannt. Man weiß, dass es Fischer und Jäger waren, die während der Sommermonate hier auf der Insel wohnten und sich im Winter in geschütztere Gegenden auf dem Festland zurückzo-

gen, dass sie in Torfhütten lebten, die halb in die Erde eingegraben waren und dass sie Fallgruben für Rentiere bauten, deren Spuren immer noch in den Bergen der Insel zu sehen sind. Und man weiß auch, dass die Menschen damals schon Walfang betrieben und das Walfleisch in Kochgruben weiterverarbeiteten. Dies waren viereckig in die Erde gegrabenen Kuhlen, die zur Hälfte mit heißen Steinen Und Wasser aufgefüllt wurden, um den Walspeck, der dann dazugelegt wurde, zu Tran zu verarbeiten. Eindrucksvoll illustriert wurden diese Begegnungen zwischen Mensch und Wal durch die Felszeichnungen in Alta, einer Stadt, ungefähr 200 km entfernt von hier. Dort befindet sich eines der größten und beeindruckendsten Felszeichnungsfelder Nordeuropas, das in die UNESCO-Liste der erhaltenswürdigen Kulturgüter aufgenommen wurde. Hier finden sich unter anderem auch Bilder von kleinen Menschlein in mit Tierhäuten bespannten Booten, die neben den Riesenausmaßen der Wale schier untergehen. Die Bilder wurden in die nackte Felsoberfläche eingemeißelt und sind teilweise über 6.000 Jahre alt.

Es sollte aber sehr, sehr viel Zeit vergehen, bis diese Gegend hier dann zum ersten Mal in einem schriftlichen Dokument erwähnt wurde. Um das Jahr 870 nach Christus segelte ein wissbegieriger, unternehmungslustiger Wikingerhäuptling, namens Ottar, mit seinen Mannen die skandinavische Küste entlang nordwärts bis zum Nordkap und weiter durch die Barentssee, um diese unbekannte, wilde Gegend und deren Bewohner zu erkunden. Ottar gilt als einer der ersten Europäer, der die Arktis erreichte und sein Reisebericht gelangte später sogar bis an den Hof König Alfreds von England und wurde dort auf dessen Wunsch gewissenhaft niedergeschrieben.

Zu dieser Zeit begannen die Wikinger an der Finnmarksküste zahlreiche "Sommerlager" - so auch hier auf der Insel, in Gjesvær - zu errichten. Die Naturschätze der Finnmark, wie wertvolle Wolfs- Bären-, oder Fuchspelze, Vogeldaunen und Walrosszähne, weckten

Falkeberg-Bucht

Begehrlichkeiten und waren auf dem europäischen Markt mit gutem Gewinn zu verkaufen. Aber nachdem die alten Wikinger ja, im wahrsten Sinne des Wortes, ein äußerst einnehmendes Wesen besaßen und nicht nur auf legale Weise ihren Wohlstand vermehrten, kann man von ihnen auch als den ersten Kolonialherren der Finnmark sprechen - sie führten die Steuerpflicht ein und langten den eher armen Fischer- und Jägerfamilien wahrscheinlich kräftig in die Taschen!
Mit der Christianisierung ging die Wikingerzeit dann allmählich ihrem Ende zu und die geplagten Steuerzahler konnten erst mal wieder aufatmen. Doch leider nicht für lange und in späteren beson-

ders wirren Zeiten mussten die Leute gleich an drei verschiedene Länder Steuern bezahlen - an Norwegen, Schweden und an Russland.

Ab Mitte des 14. Jahrhunderts entstanden dann auf Magerøya die ersten permanenten, ganzjährig bewohnten Ortschaften und im 16. Jahrhundert erlebte die Insel einen bis dahin ungeahnten Aufschwung - durch den Handel mit der ersten überregionalen Wirtschaftsgesellschaft der Welt, der Hanse. Die hanseatischen Kaufleuten kauften, mit Hilfe einheimischer Geschäftspartner, entlang der ganzen norwegischen Küste riesige Schiffsladungen von Trokken- und Salzfisch auf, um ihn nach Deutschland und in andere Teile Europas weiter zu transportieren. Mit Fisch ließ sich damals ungeheuer viel Geld verdienen, da im Mittelalter ganz Europa katholisch war und deshalb für die jährlich rund 140 Fastentage ein enormer Bedarf an Fisch bestand. Man hat ausgerechnet, dass der Hanse insgesamt in der Saison 300.000 Fischer auf 40.000 Booten die Fänge ablieferten. Und zu ihnen zählte auch eine nicht unerhebliche Anzahl Fischer von der Finnmarksküste!
Das Fischen wurde gut bezahlt, man bekam zum Beispiel für 4 Fässer Fisch ein Fass kostbares Roggenmehl und so entstand hier im Norden eine Art von Goldgräberstimmung - nur dass es sich in diesem Fall nicht um Nuggets, sondern um Dorsch, Seelachs und Schellfisch handelte. Aus den verschiedensten Richtungen, auch aus anderen europäischen Ländern, zogen Männer, und später auch ihre Familien, hierher, in der Hoffnung ein dauerhaftes, zufriedenstellendes Auskommen zu finden. So wurde das Mittelalter auch zur Blütezeit dieser Insel - die damals neun Dörfer und sechs Kirchen vorweisen konnte. Im Vergleich zu den heutigen fünf Ortschaften und einer Kirche ein richtiges Gedränge!

Doch der schnelle Reichtum blieb für die meisten der hart arbeitenden Fischer ein Traum, denn die hanseatischen Kaufleute setzten bald eine für sie äußerst lukrative Regelung durch - sie erhoben das Handelsmonopol für sich. Dies bedeutete, dass die Fischer ihren Fang nur an sie verkaufen konnten, und natürlich dementsprechend wenig Geld dafür erhielten, während sie ihrerseits sämtliche Waren, die man zum Leben benötigte, den immer reicher und mächtig werdenden Mittelsmännern der Kaufleute teuer abkaufen mussten. Die Konsequenz war, dass schon nach kurzer Zeit weite Teile der Bevölkerung bitterarm und zudem oft noch auf viele Jahre hinaus tief verschuldet waren.

In der zweiten Hälfte des 17. Jahrhunderts begannen die hanseatischen Kaufleute sich allmählich zurückzuziehen. Die Auswirkungen der Reformation in den europäischen Ländern hatten zu einer deutlich geringeren Nachfrage an Fisch und gleichzeitig fallenden Preisen geführt, so dass die Hanseaten sich künftig den weiten Weg in die Arktis sparten und statt dessen den Fisch aus der Nord- und Ostsee bezogen.

1770 konnte dann der damalige dänisch-norwegische König die wiedergewonnene Handelsfreiheit ausrufen, d.h. man konnte wieder zu reellen Preisen ein- und verkaufen und versuchen, sich einen bescheidenen Wohlstand zu erarbeiten.

Etwas später entwickelte sich eine neue, diesmal jedoch für beide Seiten zufriedenstellende Handelsbeziehung, die auch einen eigenen Namen besitzt: der Pomorhandel. Er bezeichnet den Warenaustausch zwischen russischen Kaufleuten und den Küstenbewohnern der Finnmark. Die russischen Händler transportierten im Frühling ihre Waren, in erster Linie Mehl, Haushaltswaren und Baumaterialien, auf Holzflößen über die großen Flüsse Russlands zum Meer. Zu Beginn des Sommers schipperten sie dann die Küste entlang, um einerseits Salz- und Trockenfisch zu erwerben und andererseits ihr Handelsgut an die hiesige Bevölkerung zu verkaufen. Vor den

Herbststürmen kehrten die Handelsleute, mit Fisch beladen und sicherlich schon von weitem am Geruch erkennbar, nachhause zurück. Zwischen der Bevölkerung und den russischen Händlern herrschten gute Beziehungen, man kannte sich oft über Jahrzehnte hindurch, manchmal sogar über Generationen. Zur Verständigung entwickelten die Handelspartner eine eigene Sprache - die Pomorsprache - ein lustiges, phantasievolles Gemisch aus russischen Brocken, norwegischen Wörtern und englischen Begriffen. Leider wurde diese Sprache nie schriftlich aufgezeichnet, so dass sie mit dem Ende des Pomorhandels, einige Jahre nach der russischen Revolution, fast völlig in Vergessenheit geriet.

DIE BACKSTUBE IN DER KIRCHE-
KRIEG UND WIEDERAUFBAU

Die ersten Jahrzehnte des letzten Jahrhunderts waren, ebenso wie im restlichen Europa, auch hier in der Gemeinde wirtschaftlich schwere Zeiten. Man konnte sehr zufrieden sein, wenn die existenziellsten menschlichen Bedürfnisse, wie Essen, Wärme, Licht und Wohnen, einigermaßen befriedigt wurden!

Bis zu diesem Zeitpunkt lebten viele der Menschen an den äußersten, abgelegenen Spitzen der Insel, da man mit den damaligen kleinen offenen Ruder- und Segelbooten einen möglichst kurzen Weg zu den Fischgründen haben wollte. Und dies waren meistens einsame, ungeschützte Plätze - Stürmen und Unwettern ausgesetzt, oft nur mit dem Boot, oder im Sommer nach langen Fußmärschen, zu erreichen, abgeschnitten von der Gesellschaft und der Zivilisation. Zudem war das Leben der Fischer, die sommers wie winters, bei Wind und Wetter, in ihren einfachen Holzbooten zum Fischen raus mussten, in ständiger Gefahr. Zu dieser Zeit starb hier an der Küste jeder fünfte Mann auf See! Frauen und Kinder, Eltern und Geschwister lebten in ständiger Angst um den Ehemann, den Vater, um den Sohn oder den Bruder!

Doch in den 30er Jahren begannen sich allmählich umwälzende Entwicklungen abzuzeichnen, die das Leben in der Gemeinde von Grund auf verändern sollten! Das Motorzeitalter begann und die Schiffsmotoren wurden eingeführt! Sie ersetzten Ruder und Segel und ermöglichten es den Bewohnern, ihre abgelegenen Einöden zu verlassen und sich in zentraler liegenden Ortschaften niederzulassen. Aus diesem Grunde gibt es heute noch einige Geisterdörfer auf der Insel, von deren einstmaliger Existenz nur noch die alten Kai- und Hafenanlagen, verfallene Grundmauern der Häuser und überwachsene Pfade und Wege Zeugnis ablegen.

Die Ortschaften, die die Leute damals als neue Wohnsitze wählten, lagen alle, von den Bergen geschützt, an einem der Fjorde, so dass die Fischer auch von hier aus keine allzu großen Entfernungen zwischen den Fischfeldern und dem heimatlichen Hafen zurücklegen mussten. Zudem waren die Dörfer während des Großteils des Jahres auch über den Landweg zu erreichen. Das bedeutete, dass der Austausch und die Kommunikation untereinander enorm zunehmen konnte - was, wie man sich vorstellen kann, gerade für junge Leute im heiratsfähigen Alter eine sehr spannende Angelegenheit war - war die Auswahl vorher doch ziemlich mager! Der Aufschwung der 30er Jahre fand durch die Auswirkungen des zweiten Weltkrieges ein jähes Ende: das schrecklichste Kapitel in der Geschichte der Insel begann. Im April 1940 besetzte die Deutsche Wehrmacht die norwegische Küste bis Narvik und im darauffolgenden Winter die gesamte Finnmark. Schon die Besatzungszeit war für die Bevölkerung mit einschränkenden und bedrohlichen Maßregelungen verbunden, doch das Schlimmste sollte erst noch folgen! Im Herbst 1944 bekamen die deutschen Truppen den Befehl zum Abzug mit der gleichzeitigen Anweisung, ausschließlich verbrannte Erde zu hinterlassen. Die Bevölkerung wurde unter Androhung der Todesstrafe zur Evakuierung gezwungen, musste bis auf die allerpersönlichsten Dinge ihr gesamtes Hab und Gut hinter sich lassen und wurde auf Schiffen in Flüchtlingslager in Mittel- und Südnorwegen gebracht. Danach wurden sämtliche Ortschaften in Brand gesetzt. Kein Haus, keine Hütte, kein Stall blieb verschont. Nur ein einziges Gebäude der Insel überlebte - die Kirche in Honningsvåg.

Unmittelbar nach Kriegsende, im Frühling 1945, kamen die ersten Magerøyaner wieder auf ihre Insel zurück. Zunächst wohnten alle zusammen in der Kirche, da ja nirgends ein anderes Dach zu finden war. In der Kirche lebten anfänglich bis zu 50 Menschen und einer der ersten Rückkehrer, der ein Bäcker war, eröffnete in der Sakristei eine kleine Bäckerei. Nachdem Brot und Unterkunft erst einmal gesichert waren, machten sich die Leute zielstrebig an den Wiederaufbau.

Die norwegische Regierung, die sich während der letzten Kriegsjahre im Exil in England befunden hatte, hatte sich, damals schon mit der Zerstörung der Finnmark rechnend, bereits Gedanken für den Wiederaufbau der Region gemacht - die allerdings bei den Finnmarkingern auf sehr geringe Begeisterung stießen. Die Regierung wollte sich die teuere Infrastruktur dieser Gegend mit ihren vielen kleinen Dörfern zukünftig sparen und nur noch sieben "Ballungszentren" errichten. Sämtliche Bewohner sollten in diesen sieben Städten angesiedelt werden, damit die Ausgaben für die vielen vormaligen Dorfschulen, andere öffentliche Einrichtungen und Straßenverbindungen reduziert, Verwaltung, Gesundheitswesen und die Fischereibetriebe zentralisiert würden und sich so das gesamte Leben möglichst übersichtlich und produktiv gestalten ließe. Doch diese Pläne wurden ohne die Rechnung der Leute gemacht, die sich die Köpfe nicht weiter über Zentralisierung und Rentabilität

Winter in Honningsvåg

zerbrachen, sondern in ihre heimatlichen Dörfer zurückgingen, um neue Häuser genau dort wieder aufzubauen, wo vorher die alten gestanden hatten. Deshalb gibt es in der heutigen Finnmark wieder annähernd die gleiche Anzahl Dörfer wie vor dem Krieg - glücklicherweise, da die Gegend doch ganz eindeutig von einer dörflichen Kultur geprägt und getragen ist und ohne sie völlig veröden würde.

Notgedrungen musste die Regierung diese Entscheidung der Bevölkerung akzeptieren und neue Überlegungen für den Wiederaufbau anstellen. Eine unmittelbare Folge daraus war die Ausschreibung eines Architektenwettbewerbs. Die Architekten sollten Prototypen von Häusern entwerfen, die billig und warm und außerdem schnell zu erstellen sein sollten - ist in der Arktis die Zeit, in der im Freien gearbeitet werden kann, doch äußerst beschränkt! Der Wettbewerb stieß auf großes Interesse und aus der Gesamtheit der eingereichten Pläne wurden 12 Prototypen ausgesucht, nach deren Prinzipien die gesamte Finnmark wiederaufgebaut wurde. Mehrere Bauarbeitertrupps, Ingenieure und Architekten zogen von Ort zu Ort, um die Bevölkerung beim Häuserbau zu unterstützen. Die neuen Gebäude waren einerseits durchwegs äußerst funktional und für die damaligen Verhältnisse komfortabel und modern ausgestattet, andererseits, als Prototypenhäuser, natürlich nicht gerade besonders individuell. Aber weil die Leute durchaus Wert darauf legten, sich und ihrem Haus eine persönliche Note zu geben, suchten sie sich besonders leuchtendbunte Farben für den Außenanstrich aus, die auch einen lebhaften Kontrast zu der eher kargen Landschaft abgeben. Die Finnmarkshäuser wurden somit zu den buntesten Behausungen Norwegens und das hat sich, wie Sie sich selbst bestimmt schon überzeugt haben, bis heute nicht geändert. Der Wiederaufbau war Ende der 50-ger Jahre abgeschlossen. In den darauffolgenden Jahrzehnten entwickelte sich die Insel am Rande Europas zu einer einerseits durchaus zeitgemäßen und andererseits immer noch liebenswert traditionellen Gemeinde.

HIER, WO DIE WELT ZU ENDE IST - SCHLUSSWORT

Unser gemeinsamer Inselstreifzug geht nun seinem Ende zu und wir hoffen, dass Sie allmählich das Gefühl haben, die Insel mit ihrer Geschichte - und einigen ihrer Geschichten - ganz gut zu kennen! Doch bevor wir uns nun von Ihnen verabschieden, möchten wir Ihnen noch gerne ein Zitat von unserem sogenannten ersten Touristen, dem Signore Francesco Negri aus Ravenna, mit auf den Weg geben. Er schrieb, als er nach zwei langen, anstrengenden Jahren 1664 endlich das Nordkap erreicht hatte, folgende Zeilen in sein Reisetagebuch: *"Hier, wo die Welt zu Ende ist, hört auch meine Sehnsucht auf und ich kehre zufrieden nachhause zurück."*

Wir wünschen Ihnen für den weiteren Verlauf Ihres Urlaubs noch viel Vergnügen und Freude! Wir hoffen, dass Sie danach ebenso zufrieden wie Francesco Negri wieder zuhause ankommen und dass Sie unseren Streifzug über die Insel Magerøya, das Nordkap - und uns - in guter Erinnerung behalten!

Wir wünschen Ihnen eine gute Reise und sagen "god tur videre og ha det bra!"

Auf Wiedersehen!

Sommernacht auf Magerøya

Eva Schmutterer, Sozialpädagogin aus Nürnberg
in Deutschland, lebt seit 1997 mit ihrem Mann in der
Gemeinde Nordkap in Norwegen,
wo sie in den dunklen Wintermonaten als Künstlerin und Schriftstellerin
arbeitet und sich in den hellen Sommerwochen darauf freut,
Sie in Ihrer Galerie "Östlich der Sonne" im
Fisherdörfchen Kamøyvær begrüßen zu dürfen.

Eva Schmutterer
Kamøyvær
N-9750 Honningsvåg
Tel: +47 78 47 51 37
evart@evart.no
www.evart.no

EVART
KAMØYVÆR

4. Auflage 2010
Text und Bilder: Eva Schmutterer
Buchgestaltung: Andreas Kopke, AKO-Design, Deutschland
Druck: Bjørkmanns, Alta, Norwegen

ISBN 978-82-92809-03-7